Chaos, K
Katastr

Willkommen im Mama-Alltag!

Na, schon dem Wahnsinn verfallen?
Die gute Nachricht: Du bist nicht allein! Die schlechte Nachricht: Dein Kaffee ist schon wieder kalt, die Socken sind immer noch verschwunden und das Wort "Nein" prallt an deinem Kind ab wie Wasser an einer beschichteten Pfanne.
Willkommen im Alltag, wo Wäscheberge wie der Mount Everest aussehen und du deine "Supermom"-Kräfte maximal an den Schnuller-Suchtrupp verplemperst.

Aber keine Sorge, bevor du das Handtuch schmeißt (höchstens in den Wäscheberg, versteht sich!) – dieses Buch ist deine Rettung. Hier geht's ums Abreagieren. Seiten zerreißen, wenn der Geduldsfaden dünn wird. Deinen Frust rauslassen, indem du wild auf die Seite kritzelst. Und wenn alles nichts hilft, mach 'ne Runde "Wein-Yoga". Du weißt, wie's geht: Erst der herabschauende Hund, dann der aufsteigende Wein.

Du wirst lachen, du wirst fluchen, und ja, du wirst dich abreagieren. Also schnapp dir einen Stift und lass den Frust hier raus.
Der Alltag bleibt, aber dein Humor bleibt auch!

EMOJI-RÄTSEL

Die Standard-Emojis kommen einfach nicht
an die Realität deines Mama-Alltags heran?
Dann wird es Zeit, deine eigenen zu
erfinden! Zeichne Emojis, die deine aktuelle
Stimmung perfekt beschreiben – vielleicht
ein lachendes Gesicht mit Augenringen oder
ein explodierender Kopf neben einem
schreienden Kind?

ACHTSAMKEIT IM MAMA-STYLE

Der Fünf-Sekunden-Meditations-Rettungsanker

Wenn du nur fünf Sekunden Zeit hast, um deinen Verstand wiederzufinden, versuche diese Blitzmeditation: Schließe die Augen, atme tief ein und stelle dir vor, wie du in einem flauschigen Bademantel auf einer Wolke schwebst – weit weg von Geschrei und Spielzeugchaos. Halte den Atem kurz an und erinnere dich daran, wie gut sich Stille anfühlt... und dann atme aus, bevor die Realität dich wieder einholt. Wer weiß, vielleicht hilft's ja beim nächsten Windelwechsel.

Der "Zen-Modus" im Supermarkt

Du bist im Supermarkt und der Wagen ist voll – voll von Wutanfällen, Drängeln und dem ständigen "Mama, ich will das haben!". Zeit für den Zen-Modus: Stelle dir vor, der Einkaufswagen ist ein meditatives Schiff, das ruhig durch die Regale segelt. Ignoriere die stürmischen Wellen aus "Kann ich das haben?" und "Ich will das jetzt!". Am Ende dieses Einkaufs wirst du entweder erleuchtet oder einfach nur froh sein, dass es vorbei ist.

Namaste – und pass auf das Lego auf!

Yoga ist eine wunderbare Möglichkeit, Körper und Geist in Einklang zu bringen – wenn da nicht die Legosteine wären, die überall auf dem Boden lauern. Beginne mit dem herabschauenden Hund und achte darauf, wohin du trittst. Wenn du es schaffst, in den Krieger zu kommen, ohne auf ein Lego zu treten, hast du das Level "Yoga-Meister" erreicht. Und wenn doch? Atme tief durch und denke daran, dass du im Leben nie alle Stolpersteine vermeiden kannst.

KINDER-KARUSSELL

In deinem Leben dreht sich alles um deine Kinder. Lass uns das mal wörtlich nehmen. Drehe mit deinem Stift einige Runden entlang der Linie und überleg dir parallel weitere lustige Bezeichnungen für die (meistens) lieben Kleinen.

Pimpf

Steppke

Wurm

Fratz

Kröte

Göre

Krümel

Stöpsel

Rabauke

Frechdachs

Wildfang

GEHEIME FLUCHTPLÄNE

Manchmal wünschst du dir einen geheimen Unterschlupf, wo dich niemand – und wir meinen niemand – finden kann. Zeit für dich, den ultimativen Fluchtplan in dein Geheimversteck zu entwickeln! Zeichne dein Traumversteck im Haus, wo selbst die neugierigsten kleinen Nasen keine Chance haben, dich aufzuspüren. Zeichne ein, welchen Hindernissen du auf deiner Flucht begegnen könntest und wie du sie überwindest – oder austrickst.

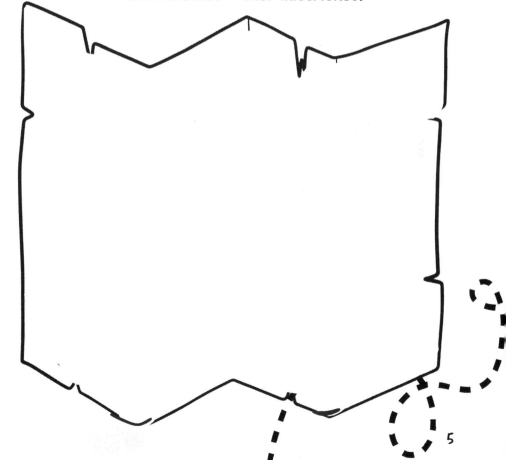

AGGRESSIONS-KRITZELEI

Es gibt Tage, da hilft nur noch wildes Gekritzel. Nimm dir einen Stift – am besten den, der immer verschwindet, wenn du ihn wirklich brauchst – und kritzel auf dieser Seite herum, bis kein weißer Fleck mehr zu sehen ist. Je wilder die Linien, desto mehr lässt du los. Keine Regeln, keine Perfektion – nur du und die wilde, ungezähmte Kritzelei.

DIE FÜNF-MINUTEN-CHALLENGE

Stelle einen Timer auf fünf Minuten und stürze dich in einen Raum deiner Wahl. Versuche, so viel wie möglich aufzuräumen, bevor der Timer klingelt. Kein Stress, nur ein Wettlauf gegen die Zeit! Wie viel hast du geschafft? Klebe hier ein Vorher- und ein Nachher-Foto des Zimmers ein.

WÖRTERSUCHE
MAMA-ALLTAG

D	I	G	L	E	G	N	A	M	F	A	L	H	C	S	E	N	O	A
B	F	D	C	I	L	R	S	D	W	C	U	Q	G	W	U	P	L	T
L	E	V	V	N	H	D	C	L	B	M	T	X	B	I	O	Q	E	C
M	E	K	V	K	D	O	H	R	N	N	S	X	N	J	K	D	S	M
Q	M	J	O	A	D	G	O	V	W	A	R	U	M	A	X	E	H	Z
Y	R	D	J	U	E	T	K	R	H	A	B	V	H	E	H	K	C	X
Q	A	J	I	F	M	J	O	R	V	U	C	M	X	L	U	S	E	K
L	R	Q	F	S	A	D	P	U	E	V	U	K	J	K	N	H	W	X
V	E	M	N	W	X	U	A	V	N	W	D	M	U	N	L	V	L	H
W	I	B	P	A	V	G	U	O	B	E	X	I	I	D	E	O	E	S
B	T	P	Q	G	V	R	S	F	V	B	L	E	R	G	G	L	D	D
J	L	D	O	E	G	R	E	B	E	H	C	S	Ä	W	O	O	N	W
Z	E	R	I	N	M	D	N	M	P	T	X	L	C	W	U	T	I	V
J	H	P	Q	R	M	V	F	G	W	P	O	H	M	J	O	N	W	E
L	C	O	S	E	E	G	V	T	O	E	D	P	N	H	N	O	V	B
L	S	X	X	N	R	X	B	K	Q	H	F	I	Q	O	U	Z	G	J
I	U	M	H	N	T	S	M	V	L	T	D	N	C	V	E	W	C	I
G	K	P	H	E	O	I	D	F	Q	P	H	K	D	R	M	N	C	B
U	X	T	J	N	C	W	S	D	B	K	J	U	T	J	M	U	R	W

Diese Wörter sind versteckt:

Windelwechsel

Wäscheberg

Kuscheltierarmee

Lego

Einkaufswagenrennen

Warum

Schokopausen

Schlafmangel

FUN FACTS

Babys haben mehr Knochen als Erwachsene.

– Neugeborene kommen mit etwa 300 Knochen zur Welt, viele davon verschmelzen im Laufe der Zeit zu den 206 Knochen, die Erwachsene haben.

Kinder stellen bis zu 300 Fragen am Tag.

– Untersuchungen zeigen, dass Kinder, insbesondere im Vorschulalter, extrem neugierig sind und bis zu 300 Fragen täglich stellen können.

Das Wort "Mama" ist weltweit eines der ersten Worte, die Kinder lernen.

– Laut Forschung gehört "Mama" zu den ersten Wörtern, die Babys sagen, da es einfacher auszusprechen ist und oft mit der Hauptbezugsperson (meist der Mutter) verbunden ist.

WAS IST NERVIGER?
EINKAUFEN MIT KINDERN

Dein Kind legt ständig heimlich Süßigkeiten in den Einkaufswagen es läuft allein durch den Laden, wenn du kurz abgelenkt bist?

Deine Kinder öffnen und essen einfach eine Süßigkeit sie spielen Fangen und Verstecken zwischen den Regalen?

Dein Kind will unbedingt getragen werden es will unbedingt selber laufen, läuft dabei aber allen Menschen vor die Füße?

Deinem Kind fällt die Wurstscheibe von der Metzgerei auf den dreckigen Boden, aber bevor du etwas sagen kannst, isst es sie trotzdem noch dein Kind stolpert in ein Regal und zwei Ölflaschen zerbrechen auf dem Boden?

ABREISSEN STATT AUSRASTEN

Jeder Alltagswahnsinn lässt sich mit einem
Lichtblick ein bisschen besser überstehen.
Worauf freust du dich in den nächsten
Wochen? Ob das endlich geplante Wellness-
Wochenende, der kinderfreie Städtetrip oder
der ungestörte Kinoabend mit deinem
Lieblingsfilm – du hast es dir verdient! Jetzt
kannst du die Vorfreude noch etwas steigern.
Schneide den Rand dieser Seite in so viele
Streifen, wie Tage noch bis zu deinem Glück
fehlen, und reiße jeden Tag einen ab.

ABREISSEN STATT AUSRASTEN

Kritzle auf diese Seite die Dinge, auf die du dich freust. Sobald ein Ereignis vorbei ist, suchst du dir einen neuen Lichtblick im Alltagswahnsinn und schneidest neue Streifen. So lange, bis die Seite komplett verschwunden ist.

DAS ETWAS ANDERE DANKBARKEITS-TAGEBUCH

Heute bist du dankbar... na, wofür eigentlich? Dass dein Baby dich nur dreimal angekotzt hat? Dass die Kinder heute nur eine halbe Stunde gestritten haben? Schreibe auf, wofür du heute dankbar bist, egal wie schräg es klingt. Und morgen? Setze dir das Ziel, für etwas anderes dankbar zu sein – auch wenn es nur der Fakt ist, dass der Tag vorbei ist.

O _____

O _____

O _____

O _____

O _____

O _____

O _____

ALLES KINDERKACKE!

Du, als Windelwechslerin, Töpfchentrainerin, Klokumpanin, ... du kennst dich aus, wenn's um Kinderkacke geht. Teile deine Expertise und zeichne verschiedene Arten hier ein.

KISSEN-BOXEN

Es ist 7 Uhr morgens, dein Kind hat das Frühstück über den Teppich verteilt, und du hast den Kaffee zum dritten Mal aufgewärmt. Klingt nach einem perfekten Moment für eine Kissen-Boxrunde! Nimm dein weiches Lieblingskissen – ja, das, das du nie wirklich zum Ausruhen benutzt – und stelle den Timer auf drei Minuten. Boxe so hart darauf herum, wie du willst, ohne Rücksicht auf die Daunenfüllung.

Und danach? Setz dich hin, atme tief durch. Wie fühlst du dich jetzt? Bist du noch gestresst oder einfach nur müde und bereit für eine weitere Tasse Kaffee?

Finde deinen Weg zum Kaffee!

"DO NOT DISTURB!" – DEIN EIGENES TÜRSCHILD

Manchmal reicht es nicht, es zu sagen – du musst es schriftlich festhalten! Gestalte hier dein eigenes "Nicht stören"-Schild für die Tür. Ob mit einem leuchtend roten Warnzeichen oder einem schlichten "Betreten auf eigene Gefahr" – werde kreativ. Pro-Tipp: Gestalte die Türschilder zusammen mit deinen Kindern. Sie werden ihr Schild bestimmt gleich ausprobieren. Selbstverständlich respektierst du ihre Grenzen und betrittst ihr Zimmer nicht. Ohhh, schaaade!

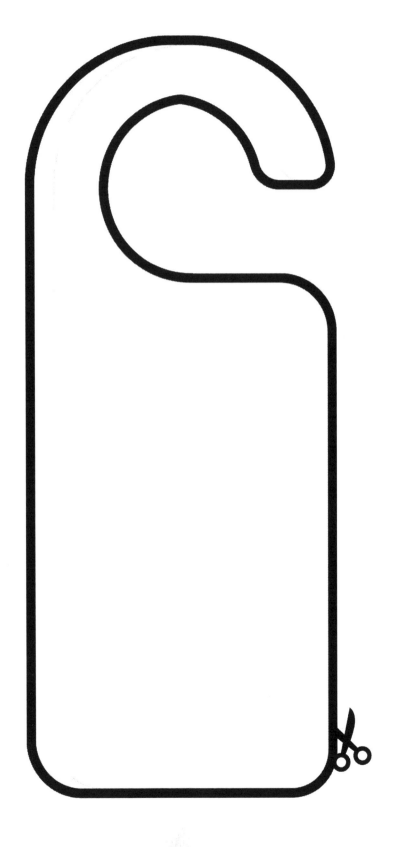

18

"DAS STILLE ÖRTCHEN" – ME-TIME AUF DEM KLO

Die Toilette: Mit ein bisschen Glück könntest du hier eine ruhige Minute haben. Aber wie schaffst du es, diese heilige Ruhe noch ein wenig zu verlängern? Hier sind zehn kreative Ausreden, um dein kleines Reich etwas länger zu genießen.

"Ich putze gaaaanz gründlich die Zähne. Willst du mitmachen?"
(Die perfekte Drohung mit Zahnhygiene. Plötzlich haben die Kinder keine Lust mehr, reinzukommen.)

"Das Klo muss dringend mal wieder geputzt werden. Das kann unmöglich warten!"
(Kinder und Putzen? Keine Chance! Jetzt bist du sicher für die nächsten zehn Minuten.)

"Ich geh kurz ins Bad und danach schauen wir uns mal deine Mathehausaufgaben an."
(Nichts jagt Kindern mehr Angst ein als die Aussicht auf Mathe – du hast bestimmt ein paar Minuten Ruhe.)

"Wenn ich wiederkomme, geht's ab ins Bett!"
(Die Androhung von Schlafenszeit sorgt garantiert dafür, dass niemand auch nur in die Nähe des Badezimmers kommt.)

WÜNSCHE-BAUM

Manchmal sind es die kleinen Dinge, die du dir am meisten wünschst: ein warmes Bad ohne Unterbrechung, fünf Minuten Stille oder ein Schokoriegel, der nicht geteilt werden muss. Zeichne auf dieser Seite einen Baum und fülle die Blätter mit deinen Alltagswünschen. Jedes Mal, wenn du es schaffst, dir einen der Wünsche zu erfüllen, malst du das Blatt farbig an. Wie lange brauchst du, bis dein Baum bunt ist?

DIE SPIELZEUG-BASKETBALL-CHALLENGE

Sammle das verstreute Spielzeug im Haus und verwandle das Aufräumen in ein sportliches Event. Versuche, das Spielzeug aus einer Entfernung von drei Metern in den Spielzeugkorb zu werfen. Zähle, wie viele Treffer du landest, und fordere deine Kinder heraus, es besser zu machen. Wer gewinnt? Und wer muss am Ende das übrig gebliebene Spielzeug wegräumen?

BUCHSTABEN-SALAT

AZPIZ _____

DUENNL _____

ISCSHENCÄBTHF _____

KHNECO _____

SHTLZENIC _____

SOADLOEKCH _____

MEMPSO _____

ITTIG _____

STRESS-LEVEL-THERMOMETER

Male eine Skala von 1 bis 10 – wo stehst du heute? (1 = friedlich wie ein Zen-Mönch, 10 = kurz vor dem Durchdrehen)

Fragt die Hebamme nach der Geburt etwas zögerlich: "Und Sie... sind sich wirklich sicher, dass Sie Ihren Sohn Axel nennen wollen, Frau Schweiß?"

SCHOKOLADE UND WEIN?

Manchmal braucht es nicht viel, um den Tag zu retten – vielleicht nur die richtige Kombination aus Schokolade und Wein. Erstelle eine Einkaufsliste für deine besten Nervennahrung-Kombinationen. Wie wär's mit Chips und Bier? Popcorn und Prosecco?

LASS MICH ...
AUSREDEN!

Wenn du mal wieder schnell eine Ausrede parat haben musst,
kommt hier deine Rettung:

Klingt super, aber ich bin fest gebucht: Meine Kinder haben sich entschieden, heute eine Matsch-Landschaft im Wohnzimmer zu kreieren, und ich bin der Landschaftsgärtner.

Oh nein, ich bin leider verhindert. Ich habe einen spannenden Krimi zu lösen: Wo sind die Schokoriegel hin? Es wird dramatisch.

Heute geht es leider gar nicht. Ich muss meine Kinder aus ihrer Legoburg retten. Das ist ein Fünf-Stunden-Einsatz.

ACHTSAMKEITS-TAGEBUCH

Während du so durch deinen Alltag stolperst,
gibt es garantiert einige Dinge, die du übersiehst.
Schreibe die drei besten Dinge auf, die dir heute
passiert sind – ja, sogar die winzigen Momente zählen
wie "Habe fünf Minuten lang ungestört geduscht" oder
"Die Kinder haben tatsächlich das Gemüse gegessen".
Und für den ultimativen Achtsamkeitsschub: Füge drei
Dinge hinzu, die NICHT schiefgelaufen sind – weil,
hey, manchmal ist das schon ein Sieg!

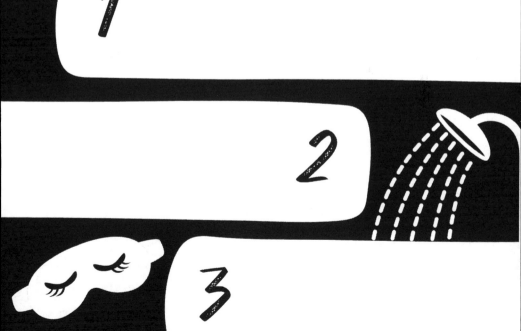

1

2

3

WAS IST NERVIGER?
WOCHENENDE

Kinder, die am Wochenende früher aufstehen als an Schultagen Kinder, die abends länger wach bleiben wollen als du?

Der Berg an Hausarbeit, der sich übers Wochenende aufgestaut hat Kinder mit fuuurchtbarer Langeweile?

Ein Samstag mit Regen, der alle Pläne zunichte macht ein Samstag, an dem alle super gelaunt sind, nur du nicht?

Du denkst dir einen tollen Ausflug aus, aber deine Kinder haben so gar keinen Bock an deinem tollen Ausflusziel ist es komplett überfüllt?

STADT, LAND, FLUCHT

Unrealistisches Versprechen, das du deinen Kindern gemacht hast	Lustigste Ausrede, warum der Haushalt noch nicht gemacht ist	Ideales Versteck für Snacks vor den Kindern	Das eine Ding, das du als Mama immer in deiner Tasche hast	Fluchtplan für einen kinderfreien Nachmittag

Das Spiel "Stadt, Land, Fluss" kennst du bestimmt. Schnapp dir eine Mitspielerin oder einen Mitspieler, reißt diese und die nächste Seite raus. Ihr zählt aus, mit welchem Buchstaben es losgeht, und füllt dann – möglichst kreativ, versteht sich – die Kategorien aus. Hast du etwas, wo dein Gegenüber nichts geschrieben hat, bekommst du 20 Punkte. Habt ihr beide etwas stehen, gibt es für jeden 10 Punkte und bei der gleichen Antwort 5. Vielleicht wollt ihr Extrapunkte für besonders witzige Antworten vergeben (überlegt euch dann am besten schon mal eine unvoreingenommene Jury, die im Zweifel entscheidet).

STADT, LAND, FLUCHT

Unrealistisches Versprechen, das du deinen Kindern gemacht hast	Lustigste Ausrede, warum der Haushalt noch nicht gemacht ist	Ideales Versteck für Snacks vor den Kindern	Das eine Ding, das du als Mama immer in deiner Tasche hast	Fluchtplan für einen kinderfreien Nachmittag

MAMA-MASTERMIND
Stelle dein Mamawissen unter Beweis!

Wie viele Windeln wechselt eine Mutter durchschnittlich pro Jahr im ersten Lebensjahr eines Kindes?

a) 500   b) 2.500
c) 1.000   d) 4.000

Wie viele Fragen stellt ein Kind im Vorschulalter im Durchschnitt pro Tag?

a) 25 Mal   b) 300 Mal
c) 10 Mal   d) 100 Mal

Wie viele Kalorien verbraucht das Stillen eines Babys pro Tag?

a) 200 Kalorien   b) 500 Kalorien
c) 100 Kalorien   d) 600 Kalorien

MAMA-MANTRA

(Er-)Finde dein eigenes tägliches Mantra – etwas, was dir hilft, durch den Tag zu kommen. Schreibe es auf und wiederhole es immer dann, wenn du kurz vor dem Durchdrehen bist. Hier einige Beispiele:

"Ich habe es schon einmal geschafft, ich schaffe es auch heute... Irgendwie."
Dieses Mantra erinnert dich daran, dass du schon viele Tage überlebt hast – und dieser ist nicht anders, selbst wenn es sich manchmal so anfühlt.

"Ich atme ein... Ich zähle bis zehn... Ich atme aus... und explodiere nicht."
Für die Momente, in denen du kurz davor bist, aufzugeben – es aber trotzdem schaffst, die Ruhe zu bewahren (zumindest äußerlich).

"Wenn ich es ignorieren kann, ist es nicht wirklich da... oder zumindest nicht mein Problem."
Ein beruhigendes Mantra, wenn du beschließt, dass der Wäscheberg oder die Krümel unter dem Tisch ruhig bis morgen warten können.

"Ich bin Mama. Ich kann alles schaffen... außer vielleicht einen ununterbrochenen Schlaf."
Ein bisschen Galgenhumor, der dir hilft, die Tatsache zu akzeptieren, dass Schlafmangel jetzt einfach Teil deines Superheldinnen-Daseins ist.

Finde den versteckten Schokoriegel.

"SORRY, ICH BIN GERADE AM TELEFON" – DIE PERFEKTE TELEFONSIMULATION

Manchmal ist der beste Weg, Ruhe zu bekommen, ein gut durchdachtes Fake-Telefonat. Keine Sorge, du musst gar nicht wirklich telefonieren – aber es hilft, so zu tun. Jetzt geht's darum, dein Gespräch detailliert zu planen: Wer könnte dich anrufen? Worum könnte es gehen? Und welche cleveren Sätze könntest du einwerfen, um deine Me-Time zu verlängern? Überlege dir zwei unschlagbare Fake-Telefonate.

Beispiel 1: Tante Inge und die unendliche Kuchenrezept-Diskussion
Person: Tante Inge, die Kuchenbäckerin schlechthin.
Thema: Welche Zutat macht den perfekten Rührkuchen?
Sätze:
- "Ja, Tante Inge, ich denke auch, Butter ist das A und O."
- "Oh, wie du das Ei schlägst, ist ja total entscheidend!"
- "Warte, das schreibe ich mir kurz auf..." (An dieser Stelle kannst du genüsslich in Ruhe ein paar Notizen machen – ob zu Kuchen oder nicht, bleibt dir überlassen.)

Beispiel 2: Der Lehrer und die nie endenden Elternabende

Person: Der Lehrer deines Kindes, die sich über den nächsten Elternabend auslässt.

Thema: Die wichtigen Themen der nächsten Schulsitzung (sehr ernst!)

Sätze:

- "Ach, wirklich? Ein ganzes Meeting nur über die Kunstprojekte?"
- "Ja, ich denke, das muss wirklich ausführlich besprochen werden."
- "Natürlich, ich werde mein Feedback einbringen. Es klingt nach einem endlosen ... äh, wichtigen Abend!"

Plane hier dein eigenes fürchterlich wichtiges Fake-Telefonat:

Person:

Thema:

Sätze:

DIE MAMA-MEDITATION: ZEN ZWISCHEN DEN WINDELN

Setz dich für eine Minute hin – ja, das ist erlaubt – und atme tief durch. Stelle dir vor, dass du auf einer sonnigen Wiese sitzt, weit weg von Windeln, Geschirrstapeln und To-do-Listen. Spüre, wie die Sonne dein Gesicht wärmt (oder vielleicht ist es auch nur der Ofen, der immer noch läuft). Lasse alle Sorgen los – zumindest bis der nächste Windelwechsel ansteht.

SCHELMISCHES SCHIMPFEN

Manchmal möchtest du einfach laut fluchen, aber die kleinen Lauscher sind überall! Denke dir eigene Schimpfwörter oder Flüche aus, die garantiert harmlos klingen, aber trotzdem beim Dampfablassen helfen.

"Zonk!", "Fatz!", "Grrrml..."

O   _____

"Möge deine Nase immer jucken, wenn du beide Hände voll hast."

O   _____

O   _____

O   _____

O   _____

O   _____

O   _____

O   _____

O   _____

HAUSHALT

S	C	H	X	W	V	V	M	Y	P	L	A	M	L	K	T	A	U	T
L	K	S	D	C	V	D	H	M	R	U	D	I	J	F	Y	R	E	H
C	Y	C	B	H	U	S	Q	F	X	O	E	T	G	K	T	K	O	L
V	S	M	T	A	Y	E	S	E	C	O	P	I	P	K	R	R	P	Y
M	K	H	C	O	G	C	J	J	Y	H	M	P	R	S	X	Ü	A	X
J	M	P	R	S	V	U	X	K	B	M	Q	L	Q	N	R	M	C	Q
E	A	L	N	F	L	Y	J	O	W	V	O	F	O	M	S	E	Z	M
D	U	V	L	X	C	O	K	E	E	Y	O	J	G	Q	D	L	P	J
L	U	C	I	N	W	Y	M	Ü	L	L	B	E	R	G	N	S	W	N
C	P	N	C	Y	J	Y	V	E	J	O	S	K	P	A	L	C	S	P
T	J	K	M	X	U	F	E	S	Z	L	X	G	D	V	J	H	T	O
B	S	O	A	H	C	E	H	C	S	Ä	W	Q	Z	E	R	L	V	B
J	S	O	C	K	E	N	M	O	N	S	T	E	R	W	E	A	E	F
B	I	R	J	Y	B	Y	V	T	V	R	R	R	N	J	T	C	C	V
H	G	W	N	Y	P	U	T	Z	A	T	T	A	C	K	E	H	E	E
C	E	K	L	O	W	B	U	A	T	S	E	Y	T	H	N	T	D	B
P	N	U	E	R	E	T	S	N	O	M	N	E	K	C	E	L	F	E
N	D	E	Y	E	T	T	I	N	O	H	I	R	U	G	J	Q	M	G
I	V	U	Y	S	U	U	C	R	U	Q	C	C	X	W	C	D	B	U

Diese Wörter sind versteckt:

Wäschechaos

Fleckenmonster

Müllberg

Sockenmonster

Staubwolke

Chaos

Krümelschlacht

Putzattacke

DIE "MINI-ME"-CHALLENGE

Zieh dich und dein Kind in ähnlichen Outfits an und macht ein lustiges Foto zusammen. Nutze diesen Moment, um festzustellen, was für ein tolles Team ihr seid ... manchmal zumindest.

FUN FACTS

Kleinkinder lachen im Schnitt bis zu 120 Mal am Tag – Erwachsene nur etwa 17 Mal. Wenn dein Kind dich zum Lachen bringt, bist du auf einem guten Weg, gesünder und glücklicher zu werden. Lachen senkt nämlich nachweislich die Stresshormone im Körper.

Jede fünfte Mutter versteckt sich im Badezimmer, um eine Pause zu haben. Laut Umfragen und Studien geben viele Mütter an, das Badezimmer als Rückzugsort zu nutzen, um kurz eine Auszeit vom Alltag zu bekommen.

Die Balance zwischen Arbeit und Familie steigert sowohl die Zufriedenheit im Job als auch das Familienglück. Wenn es im Büro gut läuft, profitiert auch das Familienleben und umgekehrt. Ein positiver Kreislauf, der alle glücklich macht!

EMOJI-RÄTSEL

Du denkst, du kennst den Alltag einer Mama in- und auswendig? Dann versuch dich mal an diesem Rätsel! Die folgenden Emojis stellen typische Mama-Situationen dar – na, kannst du erraten, was gemeint ist? Manchmal braucht es eben nur ein paar Symbole, um das Chaos des Tages perfekt zu beschreiben. Beschreibe die Situation in einem Satz.

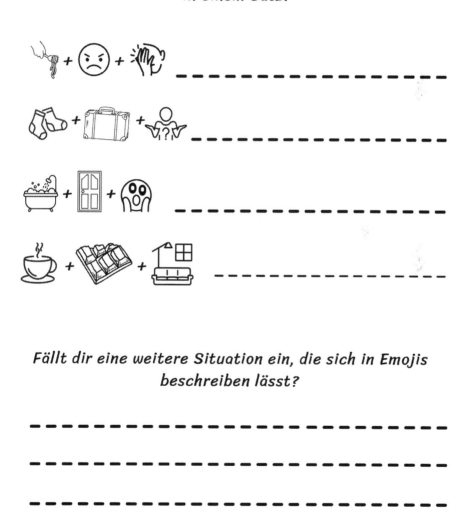

Fällt dir eine weitere Situation ein, die sich in Emojis beschreiben lässt?

- -

- -

- -

YOGA FÜR MAMAS – FINDE DEINEN FLOW

Bereit für eine Miniauszeit mit Aussicht auf ein Glas Wein? Hier ist dein perfekter Mama-Yoga-Flow, der dich durch den Tag bringt und dabei für ein bisschen Entspannung sorgt. Los geht's!

Herabschauender Hund mit Augenrollen
Komm auf Hände und Füße, strecke den Po Richtung Decke und drücke dich fest in den Boden. Schau dabei zwischen deine Beine durch, als würdest du hoffen, dass das Chaos hinter dir plötzlich verschwunden ist (Spoiler: ist es nicht). Vergiss nicht, deine Augen zu trainieren: Ein demonstratives Augenrollen ist elementar für deinen Seelenfrieden! Atme tief ein und aus und wiederhole das Augenrollen, bis du dich bereit fühlst, loszulassen... zumindest das mentale Chaos.

Der "Ich tue so als ob ich aufräume"-Krieger
Stelle den linken Fuß weit nach vorne, den rechten nach hinten, die Zehen zeigen leicht zur Seite. Strecke die Arme nach vorne und tu so, als würdest du hochmotiviert aufräumen wollen. Aber Achtung: Nur antäuschen! Atme tief ein und aus und halte die Position für ein paar Atemzüge – du hast es verdient!

Der "Ich greife zum Wein"-Stretch

Komm in eine stehende Position, strecke dich mit beiden Armen nach oben, als würdest du dich nach dem Weinglas auf dem obersten Regal strecken. Achte darauf, dich lang zu machen – wer weiß, wo es sich versteckt! Atme tief ein und denke: „Gleich hab ich's." Beim Ausatmen stell dir vor, du hast es endlich erreicht – dein persönlicher Heldinnen-Moment.

Der "Schlückchen Genuss"-Abschluss

Beuge dich aus dem Stand nach unten (Vorbeuge), greife nach dem Weinglas (in Gedanken oder vielleicht wirklich) und rolle dich dann langsam Wirbel für Wirbel wieder auf. Stehe aufrecht, halte dein (imaginäres) Weinglas fest in der Hand, nimm einen tiefen Schluck und atme durch. Namaste und Prost!

Denk dir hier noch eine eigene Yoga-Pose aus:

ABSURDER ALIEN-ALLTAG

Der Familienalltag
kann schon manchmal ganz
schön verrückt sein. Stell dir
mal vor, dass Außerirdische uns
besuchen und einen Tag in deiner
Familie leben würden. Wie würden sie das wohl
beschreiben? Schreib die Gedanken des Aliens
über deinen Alltag auf.

WAS IST NERVIGER?
ELTERNABEND

Andere Muttis, die ständig besorgte Fragen stellen und alles in die Länge ziehen Eltern, die sich nie beteiligen und nie ein Amt übernehmen?

Lehrer, die unentwegt furchtbar witzig sein wollen Lehrer, die so streng sind, dass du dich wieder wie eine Schülerin fühlst?

Auf zu kleinen und unbequemen Stühlen sitzen das endlose Kreide-Quietschen auf der Tafel?

Die überpünktlichen Eltern, die alles von Anfang bis Ende kommentieren die, die immer zu spät kommen und alles noch mal erklärt haben wollen?

EHRE, WEM EHRE GEBÜHRT!

Als Mama leistest du Tag für Tag eine ganze Menge – meistens ungesehen. Zeit, deine Heldenleistungen gebührend zu ehren. Gestalte hier deine ganz persönliche Heldinnen-Urkunde:

Hiermit wird feierlich bestätigt, dass

_____ heute heldenhaft allen Tücken des Alltags getrotzt hat: Kein Kind hat sich verletzt, die Küche ist nicht abgebrannt und der morgendliche Kaffee wurde fast noch warm getrunken. Besonders erwähnens- und beachtenswert ist die folgende Leistung:

_____

Für diese legendäre Meisterleistung wird die ehrenvolle "Heldin des Alltags"- Medaille verliehen!

DANKESREDE

Natürlich möchtest du angesichts dieser Ehre auch eine Dankesrede halten. Hier ein Beispiel, wie das aussehen könnte:

Es ist Zeit, all denen zu danken, ohne die meine heutige Heldentat – das Überleben eines kompletten Tages – niemals möglich gewesen wäre. Ich möchte beginnen mit einem ganz besonderen Dank an meine treue Kaffeemaschine, die mich durch den Morgen getragen hat. Ohne dich, meine liebe Freundin, wäre ich bereits um sieben Uhr auf der Couch kollabiert.

Ein großes Dankeschön auch an das Tablet, das die Kinder für ganze 15 Minuten beschäftigt hat. Du hast mir einen wertvollen Moment der Ruhe geschenkt, in dem ich meinen Kaffee fast warm genießen konnte. Weiter so, du tapfere Ablenkungsmaschine!

Ich möchte auch meine Nachbarn ehren, die heute Machtworte gesprochen haben, als die Kinder im Garten Streit um die Schaukel hatten. Euer "Jetzt ist aber Ruhe!" war wie Musik in meinen Ohren und hat mir wertvolle Energie gespart.

Zu guter Letzt ein Dank an all die kleinen Dinge, die den Tag erträglich gemacht haben – die Haargummis, die meinen Tag gerettet haben, als mir buchstäblich die Haare zu Berge standen, oder der Snack-Schrank, der immer im richtigen Moment da war, um kleine (und große) Krisen mit einer Handvoll Kekse zu entschärfen.

Vielen Dank, ihr Helden im Hintergrund, die den Kampf des Alltags erst möglich machen! Morgen sehen wir uns wieder und ich weiß, ich kann auf euch zählen.

NIE MEHR OHNE EUCH!

Sammle deine Helfer im Alltag, die dir das Leben erleichtern. Wenn du willst, kannst du sie auch zeichnen und/oder ihnen einen Dankessatz widmen. Diese Seite ist euch allein gewidmet!

KLEINE GEHEIMNISSE UND GROßE VERSCHWÖRUNGEN

Es wird wieder Zeit, die kleinen Geheimnisse des Lebens zu lüften und großen Verschwörungen auf die Spur zu kommen. Frag einfach dein Kind, das weiß Bescheid!

Warum ist das Wasser im Meer salzig, aber im Wasserhahn nicht? Wer kippt da das Salz rein? (Gibt es Meeresmitarbeiter, die extra für das Salzen zuständig sind?)

Warum fallen die Sterne nicht einfach runter, wenn sie oben im Himmel hängen? (Klebt da jemand unsichtbare Klebestreifen dran?)

Wie könnten Erwachsene es schaffen, mehr Spaß zu haben? (Sollten sie mehr Fangen spielen oder öfters auf den Spielplatz gehen?)

ANTI-STRESS-TAG

Als Mutter bist du rund um die Uhr im Einsatz. Vom morgendlichen Anti-Verhunger-Frühstück bis zum abendlichen Beinahe-Mit-Einschlafen – nächtliche Monsterjagden inklusive! Zeit für einen Anti-Stress-Tag nur für dich allein! Organisier dir einen Babysitter und plane einen Tag ohne deine mütterlichen Pflichten, ohne Stress und Alltagsaufgaben. Was willst du tun? Den ganzen Tag im Bett bleiben? Ab in die Sauna? Schreib alles auf, was dir einfällt, so detailliert wie möglich. Alles ist erlaubt – nur eben nichts, was Stress machen könnte, versteht sich.

O _____

O _____

O _____

O _____

O _____

O _____

O _____

WÖRTERSUCHE
SUPERKRÄFTE

```
            E  B  Z  R
            K  M  C  M  E  R
      H  A  V  Q  Q  U  M  W  D  K  S  B  Y  D
      O  S  W  V  H  L  O  K  N  P  E  D  R  L
      P  V  I  R  P  T  N  U  I  N  O  J  D  U
X  S  X  G  V  W  H  I  S  S  F  B  Q  J  B  D  I  M
Z  D  H  V  R  H  A  T  T  C  S  M  U  Y  H  E  P  K
B  C  W  J  A  G  K  A  E  H  E  E  S  W  V  G  C  I
   P  V  E  H  C  U  S  R  E  L  L  U  N  H  C  S
   H  T  U  J  W  E  K  V  L  L  A  C  S  E  P  N
   Y  Q  F  W  N  V  I  E  T  A  P  M  K  R  S  Y
   L  I  E  B  E  N  R  H  F  I  D  D  L  W
            G  T  E  S
G  Y  E  N  B  E     R  R        V  R  V  M  W  Z
U  A  C  H  L  C  N  E  A     H  T  B  E  L  H  C
B  Q  D  M  S  V  F  N  I  P  F  E  A  R  A  E  I  G
T  S  Q  L  C  F  K     B  I  B  J  E  G  R  M  X
   B  O  M  B  M     E  E  J  W  G  L  H
                     R  I
                     Y  D
```

Diese Wörter sind versteckt:

MULTITASKING

MONSTERVERTREIBER

LIEBE

SCHNULLERSUCHE

ALLESFINDER

GEDULD

KUSCHELTHERAPIE

FUN FACT

Bei Kaiserpinguinen übernehmen die Väter nach dem Schlüpfen die Fürsorge der Babys.

Während die Pinguin-Mamas auf Fischfang gehen, stehen die Papas wochenlang im eisigen Wind und balancieren das Ei auf ihren Füßen, um es warm zu halten. Sie fressen nichts und warten auf die Rückkehr der Mütter, die dann die Versorgung der Kleinen übernehmen – wahre Teamarbeit!

DIE "SCHNELLSTES ABENDESSEN"- CHALLENGE

Keine Zeit, keine Geduld und die Familie hat Hunger? Dann ist es Zeit für die "Schnellstes Abendessen"-Challenge! Koche das schnellste Gericht, das du je geschafft hast. Wie lang hat es gedauert? War es essbar? Dokumentiere deinen Rekord hier – und wenn das Abendessen niemandem schmeckt, nimm's mit Humor. Es war schnell, das zählt!

Was gab's?:

Wie lange hat's gedauert:

wie hat's geschmeckt?

☆ ☆ ☆ ☆ ☆

Du hast dein Kind erfolgreich ins Bett gebracht. Finde deinen Weg im Dunkeln zur Tür, ohne auf Spielzeuge zu treten und dein Kind zu wecken!

KINDERMUND TUT WAHRHEIT KUND

Sammle hier die Wahrheiten, die dein kluges Kind schon über eure Familie und das Leben von sich gegeben hat – ja, auch die bittersüßen Wahrheiten wie: "Dein Bauch ist wie ein dickes, weiches Kissen".

○ _____

○ _____

○ _____

○ _____

○ _____

○ _____

○ _____

DANKBARKEITSTAGE-
BUCH – MAL ANDERS

Dankbarkeit ist der Schlüssel zum Glück... oder zumindest dazu,
nicht komplett durchzudrehen. Wie gut, dass es immer einen
Grund für Dankbarkeit gibt – man muss ihn nur finden. Hier sind
ein paar Ideen, die dich vielleicht zum Schmunzeln bringen.

Heute bin ich dankbar dafür, ...

... dass mein Kind es geschafft hat, den ganzen

Tag in einem Outfit zu überstehen.

... dass das Abendessen nicht komplett auf

dem Boden gelandet ist – nur die Hälfte.

... dass mein Kind mir drei Minuten allein auf

dem Klo gegönnt hat.

... dass nur eine halbe Tasse Kaffee kalt

geworden ist – ein neuer Fortschritt!

CHAOS-SURVIVOR-CLUB

Manchmal ist es einfach beruhigend zu wissen, dass man mit den täglichen Mama-Kämpfen nicht allein ist. Warum also nicht eine Selbsthilfegruppe für die nervigsten Alltagsprobleme gründen? Ob es die endlose Jagd nach dem verschwundenen Schnuller ist, die ständige Frage "Was gibt's heute zu essen?" vor einem vollen Kühlschrank oder das Gefühl, ständig mehr Spielzeug aufzuheben, als Zeit zu haben – du bist nicht allein! Schnapp dir deine Mama-Freundinnen, benennt die großen (und kleinen) Herausforderungen des Alltags und motiviert euch gegenseitig. Die besseren Tage kommen bestimmt – oder zumindest die mit mehr Kaffee.

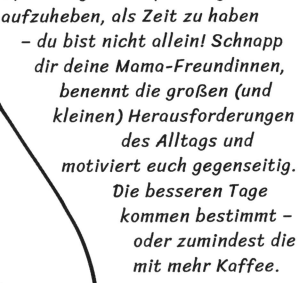

KACK-KOMMENTARE

Hier ein gut gemeinter Tipp, dort ein kritischer Blick und ausschweifende Erzählungen über die eigenen Kinder sowieso - als Mama kennst du all diese ungefragten Kommentare. Manche davon mögen hilfreich sein, andere sind nicht nur nutzlos, sondern auch grenzüberschreitend, frech und völlig bescheuert. Schreibe hier deine Best-of-Kack-Kommentare in die Häufchen.

Seit Jahrzehnten erklären Eltern ihren Kindern: "Esst eure Teller leer, dann gibt's schönes Wetter!" Und was haben wir jetzt davon? – Fette Kinder und Klimaerwärmung!

DIE "KREATIV-KÜCHE"-CHALLENGE

Der Kühlschrank ist leer, aber du hast noch ein paar Reste? Perfekt! Koche oder backe etwas völlig Neues mit dem, was gerade noch im Kühlschrank liegt. Sei kreativ, mixe wild durcheinander und mach ein Foto des fertigen Gerichts. Bonusaufgabe: Benenne dein Meisterwerk – je ausgefallener, desto besser! Vielleicht wird dein Gericht der nächste Küchentrend (oder ein Insiderwitz in der Familie).

ARRRRGH!

Bist du genervt von den tausend Fragen, den ewigen "Warum?"s oder dem Spielzeug, das immer im Weg liegt? Kein Problem – lass den Stress raus, und zwar mit Stil! Hier sind ein paar witzige und absolut erprobte Mama-Tipps, um Dampf abzulassen:

- **Werde zur Mama-Version des Hulk! –** Stell dir vor, du bist eine wütende Superheldin und tobe durchs Haus, als würdest du deine unbesiegbaren Mama-Superkräfte testen. Niemand wird dir etwas vormachen.

- **Nimm die ultimative Kissen-Druckentladung! –** Schrei in dein Kissen, als wärst du der Superstar in einem Mama-Rockkonzert, oder veranstalte eine epische Kissenschlacht – niemand gewinnt, aber alle Kissen verlieren.

- **Luftpolsterfolie-Zen-Modus –** Nimm dir ein Stück Luftpolsterfolie und knacke jede Blase. Akribisch. Kein Stress kann dem widerstehen – jeder Plopp ist wie ein kleiner Sieg.

BUCHSTÄBLICHES FLUCHEN

Als Mama musst du deinen Frust irgendwie loswerden, ohne die ganze Ladung an deinen Kindern auszulassen. Blöderweise haben die ihre Ohren aber überall! Die Lösung: schreiben. Damit es aber keinen schriftlichen Beweis für alle deine fürchterlich gemeinen Gedanken gibt, verteilst du beim Schreiben alle Buchstaben einfach völlig wahllos auf dieser Seite. Nur du kennst das wahre Geheimnis hinter dem Buchstabensalat – und niemand sonst wird je erfahren, was du da wirklich Gemeines aufgeschrieben hast!

FREI UND UNGEBUNDEN

Hast du dich irgendwann schon einmal heimlich, still und leise gefragt, wie dein Leben ohne Kinder aussehen würde? Stell dir vor: keine Legosteine unter den Füßen, ungestörte Netflix-Marathons und stundenlange Brunchs am Wochenende. Klingt verlockend, oder? Aber bevor du zu sehr in Tagträumen versinkst, lass uns mal in die Tiefe gehen.

<u>Deine Aufgabe:</u> Überlege dir drei Dinge, die du ohne Kinder vielleicht getan hättest. Was wären diese Träume, denen du manchmal hinterhertrauerst? Vielleicht eine Weltreise, spontanes Ausgehen oder einfach ein ruhiges Essen ohne Unterbrechungen?

<u>Jetzt kommt's:</u> Male dir das Worst-Case-Szenario aus. Stell dir vor, du hättest diese Dinge wirklich umgesetzt... aber es ist alles schiefgelaufen. Vielleicht ist die Weltreise in einem Hostel mit Kakerlaken und Stromausfall geendet oder dein spontanes Ausgehen war so langweilig, dass du um 21 Uhr wieder zu Hause warst. Siehst du? Gar nicht so schlimm, dass du diese Träume nie in die Tat umgesetzt hast. Sei froh, dass du deine Kinder hast – Chaos inklusive!

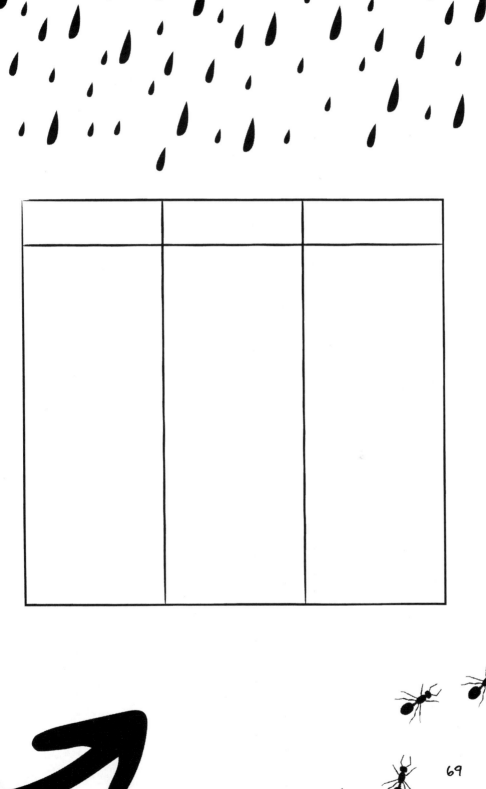

DIE ANTI-
MULTITASKING-
CHALLENGE

Du bist ein Multitasking-Profi, aber wie steht es um deine Monotasking-Fähigkeiten? Deine Mission: Widme dich eine Stunde lang jeweils nur einer Sache – sei es Kaffee trinken, mit deinen Kindern spielen oder die Wäsche zusammenlegen. Kein Multitasking, kein Ablenken, nur pure Konzentration auf das, was du gerade tust. Am Ende dieser Stunde bist du entweder tiefenentspannt oder leicht verrückt – beides zählt als Erfolg. Schreib auf, wie es dir ergangen ist.

WAS IST NERVIGER?
FAMILIENFEIERN

Ständig gefragt werden, wann das nächste Baby kommt ungefragt die abschreckenden Geburtsgeschichten von Tante Helga zu hören bekommen?

Opa Herbert, der deine Erziehung mit kritischen Blicken infrage stellt deine kinderlose Schwester, die dir Erziehungstipps gibt, die sie in tollen Instagram-Reels gesehen hat?

Deine Kinder langweilen sich lautstark   sie beschäftigen sich wunderbar selbst - richten dabei aber völliges Chaos in jedem Zimmer an?

Verwandte, die deinen Kindern heimlich viel zu viele Süßigkeiten zustecken Verwandte, die ständig dein Essen beäugen, ob es auch gesund genug ist?

Notfall! Finde den Lieblingsteddy deines Kindes.

FUN FACTS

Multitasking ist biologisch nicht effizient: Wissenschaftler haben herausgefunden, dass unser Gehirn eigentlich gar nicht fürs Multitasking gemacht ist. Jedes Mal, wenn wir zwischen Aufgaben hin- und herwechseln, verliert unser Gehirn an Effizienz und es dauert länger, beide Aufgaben zu erledigen.

KLEBEFINGER-EXPERIMENTE

Dein Kind hat sich gerade die Hände gewaschen – und keine zehn Minuten später findest du wieder klebrige Fingerabdrücke am Tisch? Vielleicht hat dein Kind ja eine klebrige Superkraft? Reiße diese Seite heraus und experimentiere (zusammen mit deinem Kind) mit allerlei klebrigen Substanzen. Faltet die Seite und fasst den inneren Bereich dann mit Marmeladenfingern, Butterfingern, Honigfingern oder was euch sonst noch so einfällt an. Wenn ihr die Seite dann zuklappt – öffnet sie sich wieder oder ist sie schon verklebt? Ihr könnt eure Abdrücke auch an eine gut abwaschbare senkrechte Oberfläche machen (wie z.B. an den Kühlschrank) und dann ausprobieren, ob ihr die Seite nur durch eure Fingerabdrücke für einen kurzen Moment dran "kleben" könnt, ohne dass das Papier herunterfällt.

NEVER EVER (AGAIN)!

Manchmal denkt man, man hat das Leben im Griff – bis man Mama wird und plötzlich merkt, dass die Hälfte der Dinge, die man früher für vernünftig hielt, komplett über den Haufen geworfen werden müssen. Hier ist die Liste mit allem, was du garantiert nie (wieder) tun wirst.

Ich gelobe feierlich, dass ich nie wieder ...

- versuchen werde, beim Telefonieren wichtige Gespräche zu führen, während die Kinder da sind. (Spoiler: Es endet in Chaos.)

- gedanklich über andere Eltern urteilen werde, die ihr Kind im Supermarkt einen Wutanfall haben lassen. (Ich verstehe euch jetzt!)

- darauf bestehen werde, dass die Kinder "nur fünf Minuten" Fernsehen dürfen. Wir wissen beide, dass das niemals klappt.

- noch mal "nur kurz gucken" sagen werde, wenn die Kinder sich in der Spielzeugabteilung befinden.

- morgens behaupten werde, dass wir "gar nicht so spät dran sind" – weil ich weiß, dass das Schicksal mich sofort eines Besseren belehrt.

ERDBODEN, TU DICH AUF!

Brave Vorbild-Muttis, die alles richtig machen; dein Chef, der von deinen vielen Krankheitstagen genervt ist (aber sicherlich auch nicht zu scharf auf Läuse und Kinderkrankheiten wäre); der grummelige Opa in der Bahn, der "Das hätte es früher aber nicht gegeben!" in seinen Bart nuschelt, als er dein Kind am Handy sieht – wer oder was nervt dich gerade besonders? Denk dir für diese Person eine lustige, aber fürchterlich peinliche Situation aus. Beschreibe sie in Stichworten und fülle den Rest der Seite mit fröhlichem "Hahaha".

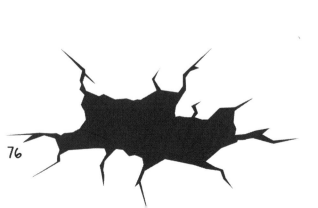

Kind: "Warum hast du so viele graue Haare?"

Mutter: "Jedes Mal, wenn du was anstellst, wird ein Haar bei mir grau!"

Kind (mustert die Oma und nickt der Mama dann bewundernd zu): "Dann musst du als Kind aber ganz schön viel angestellt haben."

MAMA-MASTERMIND

Wie viele Spielzeuge besitzt ein Kind durchschnittlich im Alter von zehn Jahren?

a) 50 Spielzeuge
b) 238 Spielzeuge
c) 100 Spielzeuge
d) 500 Spielzeuge

Wie lange dauert es, bis ein Elternteil ein Kleinkind fertig angezogen hat?

a) 5 Minuten
b) 10 Minuten
c) 15 Minuten
d) 20 Minuten

Wie viel Zeit verbringen Eltern pro Woche damit, nach verlorenen Gegenständen zu suchen?

a) 1 Stunde
b) 30 Minuten
c) 2,5 Stunden
d) 5 Stunden

MOMENTE-
SAMMLUNG

*Der Mama-Alltag kann schon ganz schön skurril sein.
Sammle hier die schrägen Highlights, deines Tages. Und
ja, auch die weniger glamourösen Momente zählen.*

- *Wurde heute nur dreimal angekotzt. Läuft!*
- *Habe es heute geschafft, beim Bäcker
  nicht die Kundin zu sein, die die Schlange
  aufhält. Es geschehen noch Wunder!*

FUN FACTS

Mütter hören das Schreien ihres eigenen Kindes eher als das von anderen Kindern.
- Studien belegen, dass Mütter ihr eigenes Kind aus einer Gruppe von schreienden Kindern leichter heraushören können. Das liegt an der besonderen neuronalen Reaktion auf das eigene Kind.

Eine Umarmung von Mama kann den Cortisolspiegel (Stresshormon) eines Kindes sofort senken.
- Forschungsergebnisse zeigen, dass eine Umarmung die Ausschüttung von Wohlfühlhormonen wie Oxytocin fördert, was den Stress reduziert.

Kinder können den Lärm von 85 Dezibel erzeugen – das entspricht dem Lärm eines Presslufthammers.
Geräusche in einem Haushalt mit Kindern, besonders bei lauten Spielen oder Schreien, können tatsächlich über mehr als 85 Dezibel erreichen, was einer Lautstärke entspricht, die als potenziell schädlich gilt, wenn sie langfristig anhält.

WAS IST NERVIGER?
KINDERGEBURTSTAG

Der Moment, wenn die Kids sich auf das Essen stürzen wenn keiner von ihnen irgendetwas isst?

Die Planung des „perfekten" Geburtstags Chaos, das du danach aufräumen musst?

Spiele, die komplett aus dem Ruder laufen Kinder, die sich weigern, überhaupt mitzumachen?

Der Geburtstagskuchen schmeckt dem Geburtstagskind nicht beim wichtigsten Geschenk fehlen die Batterien und du kannst erst übermorgen welche kaufen?

Fragt die kleine Tochter die Mutter: "Mama, ist der Stille Ozean den ganzen Tag still?" Die Mutter erwidert leicht genervt: "Frag mich lieber mal was Sinnvolles!" Darauf die Tochter: „Na gut. Woran ist das Tote Meer gestorben?"

KLEINE GEHEIMNISSE UND GROßE VERSCHWÖRUNGEN

Es gibt Dinge, die sind einfach unerklärlich... oder? Frag mal dein Kind! Bereite dich auf geniale Theorien, überraschende Weisheiten und jede Menge absurden Unsinn vor. Manche Fragen sind einfach zu wichtig, um sie den Erwachsenen zu überlassen!

Warum gibt es immer einen Socken, der nach dem Waschen verschwindet? Wo gehen die hin? (Die Verschwörung der verlorenen Socken – was ist ihre geheime Mission?)

Warum fallen Flugzeuge nicht vom Himmel, wenn sie so schwer sind? (Gibt es geheime "Himmelsbremsen"?)

Was machen Wolken eigentlich, wenn sie verschwinden? (Vielleicht haben sie heimlich eine Party hinter dem Horizont?)

BUCHSTABEN-SALAT

HCLEULRNS _____

GOLE _____

EFEAKF _____

ECRDK _____

NUHGER _____

LNBTESA _____

SCHOA _____

GHPSTEATI _____

MAMA-MASTERMIND

Wie viele Tassen Kaffee trinken Eltern im Durchschnitt pro Tag?

a) 3-4 Tassen

b) 1-2 Tassen

c) 5-6 Tassen

d) 0-1 Tassen

Wie oft unterbrechen Kinder ihre Eltern im Durchschnitt pro Tag?

a) 50 Mal

b) 10 Mal

c) 100 Mal

d) 200 Mal

Wie oft verliert ein Kind im Grundschulalter pro Jahr seine Schulmaterialien?

a) 9 Mal

b) 3 Mal

c) 5 Mal

d) 15 Mal

LASS MICH ...
AUSREDEN!

Manchmal gibt es diese Einladungen, bei denen du weißt: Da will ich auf keinen Fall hin. Der Elternabend um 19 Uhr? Die Schulaufführung, bei der alle Kinder fürchterlich süß und schräg singen? Keine Sorge, hier sind ein paar kreative Ausreden, mit denen du charmant kneifen kannst.

> Oh nein, ich würde so gerne kommen, aber ich bin im Wettkampf mit meiner Waschmaschine. Sie versucht, Socken zu fressen, und ich versuche, das zu verhindern.

> Leider muss ich passen. Meine Kinder haben alle Kuscheltiere ins Wohnzimmer geschleppt, und jetzt muss ich ihre Sitzordnung festlegen, bevor es tierisch Streit gibt.

> Ich muss leider absagen, mein Kühlschrank ruft nach einem gründlichen Frühjahrsputz. Der Joghurt von 2022 wartet auf mich.

WÖRTERSUCHE
KINDERGEBURTSTAG

Diese Wörter sind versteckt:

LUFTBALLONEXPLOSION   KUCHENMASSAKER   GESCHENKEPAPIERLAWINE

ZUCKERHOCH   TORTENKRIEG   BONBONREGEN

GESICHTERMALEREI   TOPFSCHLAGEN

ZEIT IST RELATIV

Als Mama kennst du das: Aufgaben, die normalerweise in fünf Minuten erledigt wären, ziehen sich unerklärlicherweise über eine ganze Stunde. Mach daraus doch ein kleines Ratespiel. Hier findest du alltägliche Situationen und Aufgaben. Rate mal, wie lange ihr dafür brauchen werdet. Danach gibt's den Reality-Check. Vergiss nicht, das tatsächliche Ergebnis auch einzutragen. Wie gut kennst du deine Pappenheimer?

Geschätzt: 30 Sekunden
Realität: 5 Minuten
Gefühl: eine Ewigkeit, in der du jedes Mal aufs Neue versuchst, den Gurt richtig zu ziehen, während dein Kind sich windet wie ein Profiwrestler.

Das Kind in den Autositz schnallen

Geschätzt:
Realität:
Gefühl:

Schuhe und Jacken anziehen

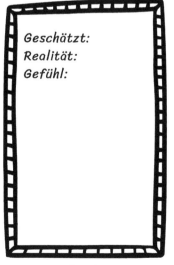

Geschätzt:
Realität:
Gefühl:

Ein paar Spielsachen aufräumen

Geschätzt:
Realität:
Gefühl:

Das Kind ins Bett bringen

BULLSHITBINGO

Hast du jemals das Gefühl, dass du bestimmte Sätze täglich in Dauerschleife hörst? Willkommen beim Bullshitbingo für Mamas! Jedes Mal, wenn du einen Klassiker wie "Mama, wo ist mein...?" oder "Ich habe Hunger!" hörst, markiere ein Feld auf deinem Bingo-Raster. Hast du eine Reihe voll? Glückwunsch – du bist offiziell die Queen des Alltags! Ergänze eigene Ideen aus deinem Alltag.

Die Windel ist undicht	Du trittst auf ein Legoteil	"Warum?"- Dauer- schleifen	"Warum darf ich nicht?"	"Kann ich was Süßes haben?"
	Ein Puzzleteil fehlt		Supermarkt-Heulanfall	
"Ich will nicht aufräumen!"		"Maaamaaaa!"		Du räumst auf, dein Kind räumt zugleich aus
	"Ich hab keine Lust!"		Kind schläft ein – aber erst fünf Minuten vor Ankunft	
"Kannst du das machen?"		Stille... aber du weißt, es kommt was		"Das ist nicht fair!"

ERWECKE DEIN INNERES ANTI

Heute bist du anti alles. Vor allem anti gute Laune. Schreib Zitate deiner gut gelaunten und natürlich ausgeschlafenen Mitmenschen auf und male dein inneres "Anti", das herzhaft darüber kotzt. Gute Laune ist schließlich echt zum Kotzen!

EXPLOSIOOOON!

Wenn du dich mal wieder kurz vor'm Explodieren fühlst:
Kritzle hier lieber eine Bombenexplosion!

Die restlichen Seiten
dieses Buches wollen
zerstört werden!
Reiße, schneide,
kritzle wild drauf los –
und zeig deinen Kids
mal, dass auch
Erwachsene ganz gut
schnipseln und
schmieren können!

HINREIßENDE TO-DO-LISTE

Schreib eine To-do-Liste mit all den nervigen Aufgaben des Tages, die du eigentlich nicht machen willst. Jetzt wird's hinreißend! Reiß diese Seite aus dem Buch und zerfetze sie in tausend kleine Stücke. Kein schlechtes Gewissen – heute machst du das, was DU willst!

○ _____

○ _____

○ _____

○ _____

○ _____

○ _____

○ _____

CHAOS-KAFFEE-KUNST

Hast du gerade mal wieder deinen Kaffee kalt werden lassen? Kein Problem! Schütte ihn auf diese Seite, male mit dem Fleck und kreiere ein einzigartiges Kaffee-Kunstwerk. Keine Sorge, hier ist Kleckern ausdrücklich erwünscht!

Hast du Wut, du? Probier Vodoo!

Stell dir vor, diese Voodoo-Puppe wäre deine Hassperson. Vielleicht der Sportlehrer, der deiner Tochter den Spaß am Fußball verdorben hat? Oder der Typ in der Bahn mit dem blöden "Ein Indianer kennt keinen Schmerz"-Spruch? Stich mit einem Stift überall da rein, wo es ihr so richtig wehtun soll!

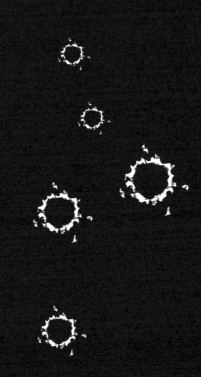

KAUGUMMI-KUNST

Hast du schon mal versucht, Kaugummi aus den Haaren deines Kindes zu entfernen? Erinnere dich an diese schmerzhafte Erfahrung, male das schlimmste Haargemetzel auf und klebe dann ein angekautes Kaugummi auf diese Seite. Reiß die Seite heraus und versuche, sie mit dem zerkauten Kaugummi (oder mit mehreren) zusammenzukleben.

LUFTBALLON-GEMETZEL

Deine Kinder treiben dich wieder einmal in den Wahnsinn? Hier
kommt ein kleiner, gemeiner Racheakt, von dem sie nie erfahren
werden: Male die Luftballons in den Lieblingsfarben deiner
Kinder an. Stell dir vor, sie hätten die tollen Ballons gerade
irgendwo gewonnen (ja, auf der Kirmes, auf der sie dich auch
lautstark von der Notwendigkeit einer zweiten Zuckerwatte
überzeugt haben). Stich jetzt mit einem spitzen Stift mehrmals
mitten hinein in die Ballons.

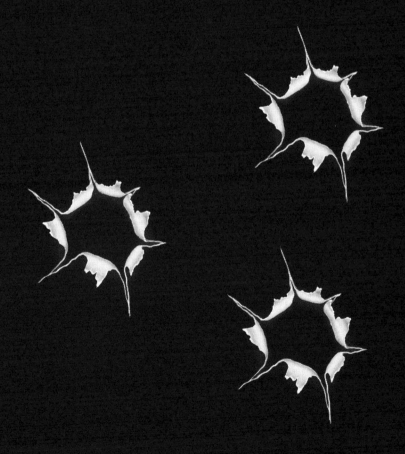

DEIN GEDULDSFADEN

Schneide entlang der Linie aus und stell dir vor, du hältst nun deinen Geduldsfaden in den Händen. Ja, ähnlich fragil wie der dünne Papierstreifen ist er auch bei dir. Betrachte ihn kurz und zerreiße ihn dann in viele kleine Teile. Ein kleiner Reminder, dass es völlig normal ist, dass im Alltagschaos auch mal der Geduldsfaden reißt!

WER, WIE, WAS, WIESO, WESHALB, WARUM?

Sorry für den Ohrwurm, aber du wirst schon zustimmen: Diese
Fragen begleiten deinen Alltag gerade mehr, als dir lieb ist. Klar,
es ist absolut beeindruckend, was Kinder alles lernen, und oft
sind die Fragen ja auch zuckersüß – manchmal aber eben auch
einfach nur FÜRCHTERLICH NERVIG!
Reiße diese Seite raus, lege sie auf eine feste Pappe und kritzel
mit einem spitzen Bleistift unendlich viele Fragezeichen auf die
Seite, so lange, bis die Seite kaputt geht. Jetzt ist die Seite
genauso mit Frage(zeiche)n gelöchert wie du von deinen Kindern.

108

DIE VERFLUCHTE SEITE

Die Kotze auf dem Sitznachbarn im Zug? Der dramatische Wutanfall beim Videocall? Das kurze, furchtbar lustige "Verstecken" im überfüllten Einkaufszentrum? Es gibt Momente, die möchte man am liebsten aus seiner Erinnerung streichen. Schreibe deine Horrormomente des Mutterseins auf, streiche sie dick und fett durch (und dabei noch aus deinem Gedächtnis) und verfluche diese Seite. Danach kannst du sie so grausam zerstören, wie es nur geht.

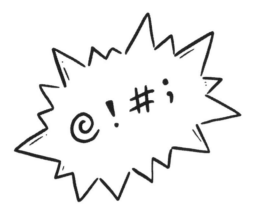

IST DAS KUNST ODER KANN DAS WEG?

Wann hast du das letzte Mal die Stifte von deinem Kind gespitzt? So oder so: In einem Kinderhaushalt werden sich sicherlich irgendwelche Spitzerreste finden – oder produzieren – lassen. Bevor du dich darüber ärgerst, dass immer du alles allein aufräumen musst, mach doch mal aus der Not eine Tugend. Diese Seite möchte Kunst werden! Klebe mit einem Klebstift oder Flüssigkleber ein Muster auf diese Seite und schütte die bunten Spitzerreste vorsichtig darüber. Schwenke das Blatt hin und her und befördere die Reste erst dann in den Müll. Ob du diese wundervoll künstlerische Seite einrahmst und an das nächste Museum für Moderne Kunst verkaufst oder sie doch lieber direkt mit in den Müll beförderst, bleibt dir überlassen.

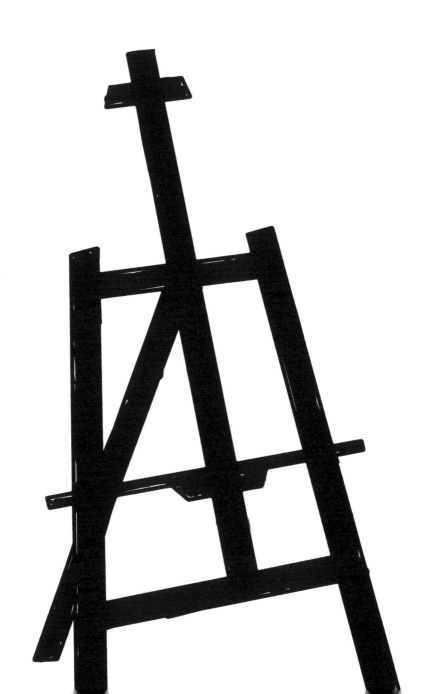

STRESSFLIEGER

Du bist wieder einmal kurz davor, in
die Luft zu gehen? Warte! Diese
Seite erledigt das gerne für dich.
Falte sie zu einem Papierflieger und
stell dir vor, der Flieger trägt all die
Dinge, die dich heute genervt haben:
den verschütteten Saft, den Streit
um den letzten Keks, das Legoteil,
auf das du barfuß getreten bist.
Jetzt wirf den Flieger mit voller
Kraft so weit weg wie du nur kannst.
Es ist okay, wenn er irgendwo im
Matsch landet ... und deine Kinder
darauf herumhüpfen. Macht ihn
platt!

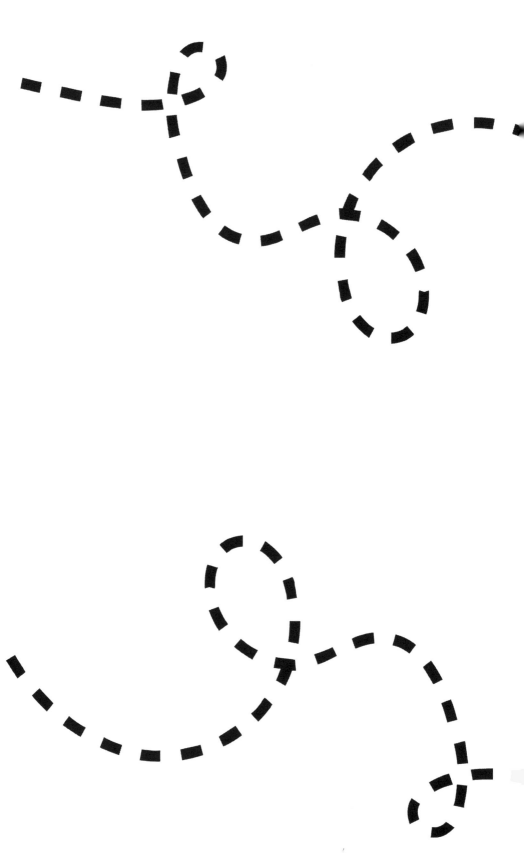

REIß-SEITEN-SESSION

Du hattest heute schon drei "Mama, wo ist mein ...?" und mindestens zwei "Warum?"-Marathons? Dann ist es Zeit für eine Reiß-Seiten-Therapie! Diese Seite ist dein persönlicher Stressabbauplatz. Reiß sie in so viele kleine Stücke, wie du willst.

SCHNIPP, SCHNAPP!

Als Mama brauchst du gute Bastelkompetenzen. Zeit, ein bisschen zu üben! Diese Seite kannst du nutzen, um verschiedene Schnitttechniken zu üben: gerade Linien, Wellenlinien, Zickzack – oder auch einfach wild drauf los... Zerschnippel diese Seite!

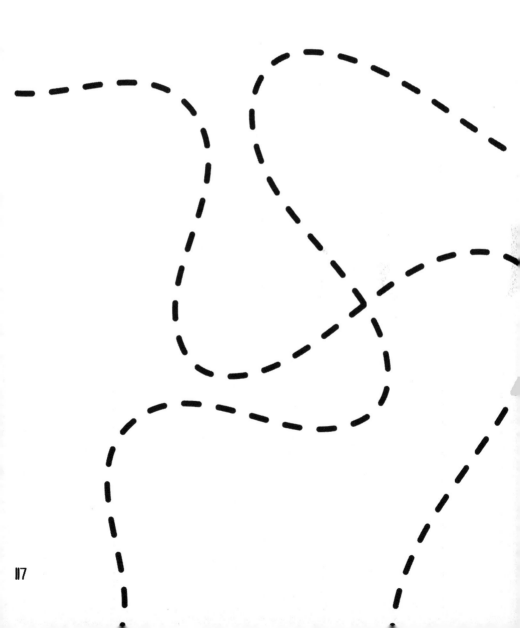

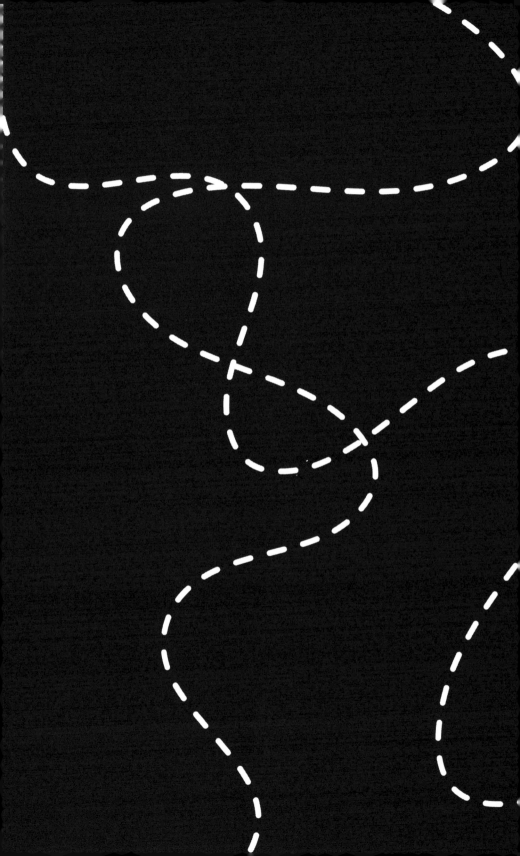

CHAOS-KUNST

Auf dieser Seite kannst du die Schnipsel zu einem neuen Kunstwerk zusammenpuzzeln. Keine Sorge: Deine Kinder werden nie erfahren, wenn du hier einen Mittelfinger zusammenschnipselst.

LÖSUNGEN

S.8

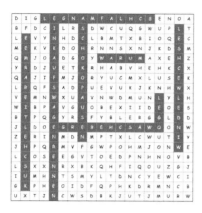

S.16

S.22

1. AZPIZ - Pizza
2. DUENNL - Nudeln
3. ISCSHENCÄBTHF - Fischstäbchen
4. KHNECO - Kochen
5. SHTLZENIC - Schnitzel
6. SOADLOEKCH - Schokolade
7. MEMPSO - Pommes
8. ITTIG - Igitt!

S.33

1-b 2-b 3-b

S.37

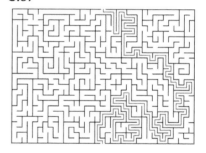

S.42

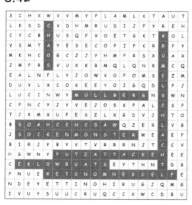

S.45

🍽 + 😾 + 🧒: Das Kind weigert sich mal wieder, das liebevoll zubereitete Essen zu essen.

🧦 + 🧺 + 🔍: Wo ist die zweite Socke hin? Die große Suche beginnt.

🛁 + 🚿 + 🧒: Du versuchst zu duschen, aber das Kind stürmt ins Bad.

☕ + 🍫 + 🛋: Endlich eine kleine Kaffeepause... mit einem geheimen Schokosnack auf der Couch!

LÖSUNGEN

S.55

S.59

S.79
1-b 2-c 3-c

S.72

S.86
1. HCLEULRNS - Schnuller
2. GOLE - Lego
3. EFEAKF - Kaffee
4. ECRDK - Dreck
5. NUHGER - Hunger
6. LNBTESA - Basteln
7. SCHOA - Chaos
8. GHPSTEATI - Spaghetti

S.87
1-a 2-c 3-a

S.89

IMPRESSUM

© 2024 LOL VERLAG

DAS WERK, EINSCHLIESSLICH SEINER TEILE, IST URHEBERRECHTLICH GESCHÜTZT. JEDE VERWERTUNG IST OHNE ZUSTIMMUNG DES AUTORS UNZULÄSSIG. DIES GILT INSBESONDERE FÜR DIE ELEKTRONISCHE ODER SONSTIGE VERVIELFÄLTIGUNG, ÜBERSETZUNG, VERBREITUNG UND ÖFFENTLICHE ZUGÄNGLICHMACHUNG.

ISBN: 978-3-910904-92-7
LAYOUT: FEZARENÇ VARAN
BUCHUMSCHLAG: SOLIMAR HERRERA
TEXT: ELISABETH ZWISCHENBERGER

KONTAKT:
LOVELYPUBLI GMBH
MICHAELKIRCHPLATZ 1
10179 BERLIN

DRUCK UND DISTRIBUTION: AMAZON KDP

Printed in France by Amazon
Brétigny-sur-Orge, FR

26015060R00069